閃耀台灣 六

台灣自然生態

1860-1960

徐宗懋圖文館／製作

目錄

閃耀台灣 福照寶島

　　「閃耀台灣」系列畫冊，一套八冊，分別爲《台灣城市建築 1860-1960》、《台灣鄉村景觀 1860-1960》、《台灣山鄉原民》、《台灣近水部落》、《台灣原生物產 1860-1960》、《台灣自然生態 1860-1960》、《台灣往日生活》、《台灣古早容顏》。

　　此八個主題，時間跨越清代、日本殖民時代、光復之後，涵蓋早期台灣的人文生活以及自然景觀，從人們的食衣住行育樂，到鄉野山川中的美麗景致和原始型態皆收錄其中。這些內容、材料均是徐宗懋圖文館過去 20 多年來耗費巨資購買照片原作，以及累積精湛的照片修復技術工藝，所取得歷史照片領域最高的成就。

　　這套畫冊以「閃耀台灣」爲名，台灣這座島嶼無論視野所見，亦或是蘊藏的內涵，都如同寶石般閃閃發光，是閃耀的寶島，期許能將台灣這座寶島所經歷、流淌過的歷史，以照片圖文的形式，親切、大眾化的傳達給大家。簡言之，這一套書代表了閃耀的台灣，福星高照寶島，是一套傳世不朽的台灣歷史影像。

美麗的山川與動植物

　　台灣擁有「福爾摩沙」之稱，意思是美麗之島，在這座南北狹長、山多且水系發達的海島上，孕育出了許多獨特且美麗的景色。雖然台灣面積不大，但蘊藏的自然資源與風貌都十分可觀，由於位在板塊界上，造成複雜多變的地形地貌，高山、平原、丘陵、盆地、島嶼、縱谷與海岸等，景觀豐富。山岳高聳遍布，加上北回歸線通過，使僅有 3.6 萬平方公里的台灣就同時擁有熱帶、亞熱帶、溫帶等氣候帶，除了使物種多元之外，也發展出許多原生特有種。

　　《台灣自然生態 1860-1960》這本畫冊使用之照片，來自日本時代的《台灣寫真大觀：物產篇》、《台灣寫真帖》、民間老照片等。內容包括東北亞第一高峰玉山，以及雪山、中央山脈等山岳景致照片，亦有日月潭、珊瑚潭等湖泊溪流水域風光。特有種花草植物、生活於台灣的動物及台灣特產的果物均收錄其中，乃為一本能欣賞早期台灣未受開發與污染山川景色之佳作。

　　這本畫冊呈現紀載台灣早年山川秀麗與動植物的生態景觀，陽光、雲海、溪水的流動、盛開的花朵與飽滿的果子，皆是展現當下最真實的面貌。經過頂尖上色技術賦予老照片新的生命，帶領觀者一探台灣島的美麗景致。

日月潭風光 （8頁）

1920 年代，日月潭風光。日本時代推動台灣基礎建設時，日月潭也深受影響。日本人將水沙連地區傳統的糖廍，整合成埔里社製糖株式會社，並在 1916 年開設輕便車道。車道開通後因與西部平地來往更為方便，使得以風景秀麗聞名的日月潭更成為名勝景點，日本時代更多次被列入台灣八景。

水位升高後的日月潭與湖底的邵族村落遺址 （10頁）

1930 年代，水位升高的日月潭全景。由於日月潭被規劃建設為全台灣最大規模的發電中心，經由興建引入水隧道和水壩等工程，日月潭成為一個大型的貯水池。水位提高，水容量增加，湖面積也擴大。原來聚居湖岸的邵族人也被遷村，原部落也沉入水中，成為湖底的邵族村落遺址。

阿里山的檜木林

1920 年代，阿里山的檜木林。檜木喜歡生長在氣候涼爽、潮濕的環境裡，台灣阿里山山區有大量的天然檜木林。日本時代因長期伐木開採，大型檜木所剩稀少，巨木林群幾乎已經被砍伐殆盡，現今所見的大型檜木，多半是在當時被認定為不良品，因此未經開採，得以生長至今。

守護高山峻嶺的小黃花

1930 年代，大霸尖山上稻槎菜屬的高山植物田平子。像是精靈一般，守護高山峻嶺的小黃花，田平子又叫小鬼田平子，但與一字之差的鬼田平子是完全不同的植物。

玉山飛蓬

1920 年代，台灣原生特有高山植物玉山飛蓬。玉山飛蓬是
菊科飛蓬屬的植物，多生長於台灣海拔 3000 公尺以上的
高山地區，雪山、玉山、大霸尖山、合歡山等地都可見到
玉山飛蓬生長。常生長在高山草地，喜歡強烈陽光照射，
多於岩石邊、岩屑地發現它的蹤跡，為乾性植物的一種，
目前尚未由人工引種栽培。

玉山薄雪草

1920 年代，台灣原生特有種高山植物玉山薄雪草。玉山薄雪草又稱細葉薄雪草、小葉火絨草，分布在海拔 3200 至 3800 公尺的高山地區，屬於典型的寒原植物，也是從冰河時期就留存的活化石，對台灣的地質和生物變遷有很大的研究價值。為了抵禦高山下雪及寒冷氣候，薄雪草全株遍布細棉毛，冬季會全株乾枯，到了隔年春天再長新芽。

台灣特產物「蓪草」

1920 年代，新竹種植的台灣特產物「蓪草」。蓪草又稱
通脫木、木通樹、通草等，日本時代主要種植於新竹山區
的原住民部落。蓪草莖中的襯皮，可經過專門的刨刀削成
薄片，用來製作成蓪草紙，莖髓則能拿來入藥。當地原住
民種植、採伐蓪草，之後會由新竹市的蓪草會社收購。

包種茶用料花

1920 年代,台灣包種茶用料花。包種茶是一種半發酵茶,以坪林一帶種植的文山包種茶最廣為人知。包種茶在製作工序中,會將茶葉與花放在一起十幾個小時,讓茶葉沾染上花朵的香氣,常見的包種茶用料花有秀英花、茉莉花、黃枝花等,照片中的花朵即為黃枝花。

台灣栽培的曇花

1920 年代，台灣栽培的曇花。曇花
別名月下美人、瓊花等，早在荷西
時期便由荷蘭人引進栽種於家庭庭
園內，是常見的園藝植栽觀賞用花。
大部分的曇花品種都是晚上才會開
花，並於清晨凋謝，花的生命通常
只有八個小時，除了用來觀賞，其
花有清熱止血的功效，也可食用或
藥用。

台灣特產蝴蝶蘭

1920 年代，台灣特產蝴蝶蘭，蝴蝶
蘭因花朵像蝴蝶飛舞而得名，在蘭
花中名氣與人氣都很高。1896 年，
總督府日本官員在紅頭嶼 (今蘭嶼) 發
現大量野生蝴蝶蘭，並將其株帶回
台北，1899 年更由土地調查員採集
多達六百株的蝴蝶蘭帶回台北，當
作禮物贈送，或自家種植賞玩，興
起養蘭的風氣。之後十數年對蘭花
的熱度仍然不減，1920 年代後期，
養蘭風氣逐漸普及，各地愛蘭家甚
至組成了愛蘭團體「愛蘭俱樂部」、
「蘭友會」等，定期舉辦蘭花鑑賞
會、品評會、拍賣會。

台灣名花蝴蝶蘭

1920 年代，台灣的蝴蝶蘭，蝴蝶蘭因花朵像蝴蝶飛舞而得名，型態和香氣幽雅，在蘭花中名氣與人氣都很高，有「蘭花之后」美稱。早年在恆春半島一些海岸的森林樹上可見寄生的野生蝴蝶蘭，綠島、蘭嶼等地方也有發現大量野生蝴蝶蘭。蝴蝶蘭盆花的花期約有一個月到一個半月，經特別栽培的蝴蝶蘭，觀賞價值與藝術價值都很高。

台灣水牛：吃苦耐勞的精神象徵

1920 年代，泡在水中的台灣水牛。台灣原生牛是野生黃牛，漢人來台墾殖後，由華南引進水牛作為耕牛，荷蘭人也從印尼引進水牛，明鄭時代實施屯墾，並由福建原鄉引進大批的移民和水牛，擴大耕地，以供養東寧王國官民。因此，幾百年來台灣開拓史上，水牛貢獻良多。一直到1970 年代農業全面機械化之前，水牛一直是農村最重要的勞動力，與農民家庭關係密切，情感甚篤。農民也對水牛抱持感念之心，水牛也成吃苦耐勞的精神象徵。

台灣眼鏡蛇

1920 年代，台灣眼鏡蛇。也稱中華眼鏡蛇，分布在中國大陸華南、越南、台灣中低海拔地區，主要棲息在山區和農墾地，遇到天敵時，前身昂立，頸部後方花紋呈眼鏡狀，故名之眼鏡蛇。平常以魚類、鳥類、兩棲類、小型哺乳動物為食。眼鏡蛇的毒性強，毒液足以造成被咬者呼吸困難致死，與雨傘節、赤尾青竹絲、鎖鏈蛇、龜殼花、百步蛇等，並列台灣六大毒蛇。

台灣稀有動物穿山甲

1920 年代，台灣稀有動物穿山甲。又稱為台灣鯪鯉、土龜等，身上覆有鱗片，屬於中華穿山甲的一個亞種，生活在中高海拔的山坡地，以舉尾蟻和白蟻為食，遭到天敵時，身體會縮成球狀，覆蓋著全身鱗片，使得掠食者難以吞食。由於過去曾遭到大量的捕食，台灣穿山甲瀕臨絕種，現已被列為被保護的稀有動物。

中央山脈的雲海

1920 年代，中央山脈景色，壯觀的雲海。中央山脈是台灣最長的山脈，北起宜蘭蘇澳南方澳與東澳之間的烏岩角，南至台灣本島最南端的鵝鑾鼻，全長 500 公里。中央山脈高山連綿，百岳名峰就有 69 座，高度在 3000 公尺以上的高山則高達 138 座，其中 3825 公尺的秀姑巒山是中央山脈的最高峰。也因高山眾多，雲海成為了中央山脈山峰間常見的景色。

中央山脈望向台中州方向的雲海

1920 年代，中央山脈望向台中州方向的雲海。望出去的山頭針葉林遍布，照片右邊雲海中露出的山頭為南東眼山，中間枯木上頭的雲海位置則是霧社，照片最左邊為日月潭一帶。台灣山岳的雲海，也成了具有代表性的地理景觀。

油婆蘭山及北部中央山脈

1930 年代，油婆蘭山及北部中央山脈。這張照片是從大霸尖山和雪山間三叉點附近，望向東南方的景色，油婆蘭山的岩峰具有奇特又險峻的造型。

40

能高山的積雪

1920 年代，能高山的積雪。位在南投和花蓮交界處，屬於中央山脈，是台灣百岳之一。日本時代開鑿了能高山的越嶺路，因此開拓其名聲頗有相關。能高山的高峰有數座，因為前後一高山主峰（新高山）和第二高山連峰（次高山）一樣，多峰中都有「高」字，於是，因此在日本時代改稱為「能高三高」。

合歡山雪景

1920 年代，中央山脈主脊上的合歡山雪景。合歡山主峰標高 3416 公尺，海拔極高，冬季白雪皚皚，因此有「雪鄉」之稱。照片中的合歡山上一景，屬於冷溫帶針葉林區，植物以冷杉林為主。

合歡瀑布

1930 年代，合歡瀑布。由上、中、下三段組成的一個大瀑布，中段瀑布的全長約 81 公尺，瀑布的轟隆聲極為驚人，地面也能感受到震動。合歡瀑布匯集了合歡山和奇萊連峰的水，聚集成水柱、拍打岩石，不久流入濁水溪的主流。合歡瀑布在日本時代又稱為「深堀瀧（深堀瀑布）」，1896 年，台灣總督府軍務局陸軍部派遣五支探險隊進行高山探勘，其中第二班的「中央橫斷隊」陸軍步兵大尉深堀安一郎等十四人，在 1897 年 1 月由埔里出發進行中央山脈橫斷道路的測量，但 2 月時失聯，3 月搜救隊在合歡瀑布下方發現深堀等人的遺物，應為受到原住民襲擊，是為「深堀大尉事件」。為紀念此事件，因此將此瀑布命名為「深堀瀧（深堀瀑布）」。

雲龍瀑布

1930 年代,雲龍瀑布。從八通關東埔警察分室(今東埔國小)到樂樂駐在所(今樂樂山屋)途中,有一座由郡大山垂直落下的雲龍瀑布,瀑布標高約 1690 公尺至 1515 公尺,屬於濁水溪流域。瀑布有四段落差,總落差約 175 公尺。直線的落水之美,氣勢磅礡,是八通關古道上著名的景觀。

玉山冷杉林帶

1920 年代，玉山的冷杉林帶。玉山位在中央山脈西南側，由南投水里濁水溪南岸，向南延伸至高雄六龜的十八羅漢山附近，全長約 180 公里。其中 3952 公尺的玉山主峰不僅是玉山山脈最高峰，也是台灣第一高峰。此外，玉山山脈高度在 3000 公尺以上的高山就高達 16 座。因為海拔高，玉山擁有台灣現今最廣大的天然冷杉林帶，分布在 3000 公尺上下，樹幹通直的冷杉林帶，海拔生長最上限的銜接為草原地帶。因為上限大部分是與草原銜接，經常在山坡面形成一條不規則鋸齒的界線，此界線通稱森林界線。

台中州玉山

1920 年代，台中州玉山。台中州是日本時代的行政區劃之一，1920 年合併原台中廳與南投廳，轄域包含現今台中市、彰化縣及南投縣。因此，部分玉山山峰也在台中州的範圍內。

台中州雪山

1920年代，台中州雪山。雪山在日本時代被稱為次高山，因海拔為全台第二高峰，故得此名。日本時代，因日本版圖擴大至台灣，發現玉山（3952公尺）和雪山（3886公尺）皆比日本本土的最高峰富士山（3776公尺）還高，因此明治天皇及昭和天皇（當時為裕仁皇太子）先後為其命名新高山及次高山。

聖稜線

1930年代，聖稜線是雪霸國家公園內的雪山山脈從大霸尖山至雪山連峰間高峻的山稜線。照片左前方為北稜角，由左至右後方的山分別為伊澤山、雪山北峰、大霸尖山、穆特勒布山、素密達山等等。

大霸尖山山頂向南望的景色

1930 年代，由大霸尖山山頂向南看去的景色。大霸尖山位於台灣的雪山山脈，主脊高達 3492 公尺，山形冷峻，因此有「世紀奇峰」之稱，可說是北台灣的屋脊。日本人在 1927 年使用繩索技術登上大霸尖山，是首次登頂此山，也得以用攝影記錄了山岳高峰的景色。

大霸尖山與小霸尖山

1930 年代，大霸尖山與小霸尖山。大霸尖山位於雪山山脈，因為形狀像一個圓柱，四面都是直立的懸崖，因此又稱酒桶山、熬酒桶山。在泰雅族和賽夏族的傳統中，相信大霸尖山是他們祖先的發祥地，並將其視為聖山。

大霸尖山山塊

1930 年代，大霸尖山山塊。在大霸尖山、次高山（雪山）、
桃山三稜線的三叉點北側，隔著無名山峰，眺望大霸尖山
和小霸尖山的山群。大霸尖山山塊地貌的特徵既有特色也
清楚了然，這紮實的山塊如今仍屹立不搖。

北大武山山頂往台東廳方向望去

1920年代，北大武山山頂往台東廳方向看去的景色，覆蓋的層層雲彩，顯示出山的高度。北大武山位在現今屏東與台東交界處，向東望去即是屬於台東範圍。北大武山標高3092公尺，是中央山脈南段的最高峰，因此有「南台灣屏障」之稱。而北大武山也是排灣族與魯凱族的聖山，是信仰、智慧及文化的象徵。

從二萬坪望向塔山山系

1920 年代，從二萬坪望向塔山山系。塔山山系屬阿里山山脈，分小塔山和大塔山，照片左邊較低的為小塔山，右邊為大塔山，為阿里山山脈最高峰。塔山山系是鄒族的聖山，是祖先靈魂安息之處，鄒族人認為善良的人死後靈魂會去到大塔山，惡人死後靈魂則會到小塔山。

眠月的達摩岩

1930 年代，眠月的達摩岩（又稱眠月石猴）。達摩岩高 31 公尺、寬 9 公尺，如達摩盤坐的樣子。1997 年阿里山神木倒塌後，達摩岩取代神木成為觀光寄託，阿里山郵局也曾以達摩岩作為紀念戳章。但 1999 年九二一大地震造成眠月線沿線多處崩塌，達摩石頭部也因此斷落崩毀。

國家公園預定地太魯閣巴達岡全景

1930 年代，國家公園預定地太魯閣巴達岡全景。巴達岡是從臨海道路的立霧溪橋（今錦文橋），即大太魯閣的入口至塔比多（今天祥）中間的部落。這裡設有警察官駐在所、番產物交換所、番童教育所等，也有為遊客設置休憩的設施。峽谷的右方是塔山，左方是三角錐山，此地是以緋櫻著名的風光明媚之地。

國家公園預定地太魯閣巴達岡大斷崖

1930 年代，國家公園預定地太魯閣巴達岡大斷崖（錐麓斷崖）。臨海道路、三棧溪、木瓜溪等地，有無數斷崖。但能像巴達岡大斷崖這樣雄偉壯闊的斷崖絕無僅有，當時被國內外尋訪名勝的人們稱為東洋第一。由大理石岩層形成的垂直峭壁，為合歡越嶺道路的一部分，早期是當地原住民各部落間的聯繫要道。

清水斷崖

1920 年代，清水斷崖。清水斷崖是位於花蓮的海岸斷崖，共分成三段，由北到南依序為和仁斷崖（卡那崗斷崖）、清水斷崖與崇德斷崖（得其黎斷崖）。清水斷崖的形成是因為歐亞板塊與菲律賓板塊發生碰撞而不斷隆起，加上上部的岩層受雨水風化侵蝕，下部的大理石岩和片麻岩逐漸抬升、露出地表。它們質地細緻緊密、堅硬且不容易崩塌，因此形成陡峭的山壁。又因海蝕作用，坡度更為險峻、幾乎垂直。

木瓜溪的溪谷

1930 年代，木瓜溪的溪谷。木瓜溪是花蓮溪最北、流域面積最大的支流，發源於高聳的能高南山、奇萊主山及其南峰。木瓜溪的溪谷幽深，因為造山運動使得邊坡陡峭。木瓜溪特產為名石，例如玫瑰石等，受到許多愛石人的喜愛。

花蓮港郊外的加禮宛曠野　（74 頁）

1930 年代，花蓮港郊外的加禮宛曠野。在當時，這一帶附近有大型牧場與高爾夫球場，廣闊的曠野也作為天然飛行場。加禮宛曾發生過加禮宛事件（達固湖灣事件），1878 年當地原住民噶瑪蘭族和撒奇萊雅族聯合反抗清朝，此事件對花蓮地區的原族民族群分布有極大影響。這兩族在此事件幾乎滅絕，倖存的族人藏身在阿美族之中。直至 2007 年，官方正式將撒奇萊雅族正名，成為合法承認的原住民族。

台東馬武窟溪與吉田橋

1930 年代，台東馬武窟溪與吉田橋。馬武窟溪是台灣東部的河川，發源於海岸山脈，為海岸山脈東側流域面積最廣、長度最長的河流。吉田橋現今稱為舊東河橋，橫跨在成功鎮和東河鄉交界的馬武窟溪上，原是木造鐵線橋，因遭受暴風雨吹壞，1926 年改建為可通行汽車的鐵索吊橋。如今舊東河橋已不再供汽車使用，只供遊客步行賞景。

新店碧潭

1920年代，新店碧潭。碧潭又稱為赤壁潭、石壁潭、獅山邊大潭。新店溪發源於坪林，在日本時代被稱為番地，溪流匯聚於碧潭。雖稱為「潭」，但其實不是真的湖泊地形，而只是因為地形造成一段比較寬闊的河面，由此處到台北市川端町有船運之便。碧潭山明水秀，日本時代被票選為台灣十二勝之一。

小觀音山雪景

1920 年代，小觀音山雪景。雪堆積在冬天的枯木上，那一帶約有五吋的積雪。小觀音山是大屯火山群的一群山峰，名字來自於比它更著名的觀音山，但其實小觀音山的山體、高度都比觀音山還要大。

北投溫泉地獄谷

1920 年代，台北北投溫泉地獄谷。地獄谷較常被稱為地熱谷，是一處硫氣及溫泉的出口，位於台灣北投陽明山山谷窪地，長年冒著熱氣、蒸氣瀰漫，猶如地獄景色，因而得名。北投溫泉與草山溫泉、關子嶺溫泉、四重溪溫泉並列日本時代台灣四大名泉。北投溫泉的開發可追溯到日本時代，1896 年日本人平田源吾在此設立了第一家溫泉旅館，後在 1909 年發行《北投溫泉誌》，成為日後重要的北投溫泉歷史研究文獻。1913 年，在台北州廳主導下設立北投溫泉公共浴場，仿照日本靜岡縣伊豆山溫泉的格局興建。此後北投溫泉逐步發展為絡繹不絕的溫泉勝地，雖在 1970 年代後期因過度開發、經營不善，經歷了 20 年的低迷時期，但經過當地民眾跟觀光局的整理與推動，重新帶起北投的溫泉產業，直至今日仍是大台北地區頗受歡迎的旅遊景點。

燕巢庄泥火山

1920 年代，台南州岡山郡燕巢庄的泥火山。燕巢是台灣泥
火山群最密集的地方，在清代就早已有相關紀錄。地處廣
闊且深厚的泥岩層背斜附近，又位於斷層帶兩側，天然氣
從泥岩層裂隙噴發時混著地下水和泥漿，泥漿與氣體逐漸
累積壓力，達到足夠的力量便會噴發出地表，濃稠的泥流
日漸堆積在噴發口，就會逐漸形成噴泥錐。

嘉南大圳貯水池珊瑚潭

1930 年代，嘉南大圳貯水池珊瑚潭（今烏山頭水庫）。因
碧綠的湖水與蜿蜒曲折的湖岸，看似碧綠的珊瑚礁，故得
此美稱。珊瑚潭貯水池由八田與一所設計監工，花費十年
完工，對供應嘉南地區農業灌溉及供水有極大貢獻。

恆春海邊與鵝鑾鼻燈塔　（88頁）

1920年代，恆春海邊與鵝鑾鼻燈塔。恆春珊瑚礁岩灘上望向白色的鵝鑾鼻燈塔，鵝鑾鼻燈塔是台灣最南端的燈塔，1882年由清朝所建，改隸之際，此燈塔被官府下令銷毀。在1898年由日本政府重建完成，光距達20海里。因鵝鑾鼻位於台灣最南端海角，坐擁海景，珊瑚礁石灰岩地形造就怪石、巨礁等奇特地理景觀，因此被列為台灣八景之一。

盛行一時的珊瑚雕刻工藝首飾

1930年代，台灣珊瑚雕刻首飾與工藝品。珊瑚雕刻為傳統中國藝術品，尤其雕刻成佛像、古典人物、珠寶、項鍊等，深受中國人喜愛。珊瑚雕刻也被視為高級藝術工藝技能。日本時代，在彭佳嶼和蘇澳發現珊瑚漁場，於是漁船採集珊瑚成為熱門行業，珊瑚雕刻工藝品盛行一時。光復後，隨著採集規模的擴大，珊瑚工藝品大量出口歐美和日本，持續多年榮景。直到近年國際海洋保育運動興起，珊瑚礁採集受到嚴格的限制，珊瑚雕刻行業始走向沒落。

台灣土檨仔

1920年代，台灣芒果樹，民間閩南語稱為「檨仔」或「土檨仔」，為台灣特產水果之一，據考證是荷蘭人從印尼引進的熱帶水果，後來遍植於開發最早的嘉南平原，因香甜多汁，成為受喜愛的水果。光復後，芒果經過不同配種改良，果肉碩大，產量大幅增加，可以搭配做成芒果冰沙，成為夏季消暑的甜品，因此市場上已經逐個取代果粒小的土芒果。儘管如此，仍然有不少人偏愛香甜味濃的土芒果，用手剝皮，大口咀嚼，雖然「吃得滿手都是」，不一定符合「餐桌禮儀」，但卻是無可取代的鄉土味享受。

檸檬樹

1920 年代，檸檬樹。台灣的檸檬產區以高屏地區占大宗。
檸檬味道極為酸澀，一般不會直接食用，而是榨汁或作為
烹飪調理之用，像是檸檬冰沙、檸檬塔、清蒸檸檬魚等，
它也是調製雞尾酒的重要原料。檸檬提煉出來的精油還可
用來殺菌，對身體也有各種益處，是效益良多的水果。

柚子樹

1920 年代，南台灣的柚子樹。柚子又名「文旦」，喜歡生長在溫暖且潮濕的地方，屬於柑橘屬的果樹。柚子通常在中秋節前收成，吃起來酸酸甜甜，因為柚子又大又圓，象徵團圓，且諧音和保「佑」、「遊子」相似，逐漸成為中秋必吃和送禮的文化。

咖啡樹

1920 年代，南台灣的咖啡樹。尚未成熟的咖啡樹果實是綠色，之後會慢慢由黃轉紅。咖啡豆包裹在這層紅色果皮之下，通常每顆果實會有兩顆咖啡豆，經過多道工序，就會變成用來研磨咖啡的咖啡豆了。無論是咖啡樹的品種或豆子的烘焙方式都十分地複雜講究，研磨、沖泡與喝咖啡也都可謂是一門專業的學問。

台灣特產鳳梨

1920 年，台灣鳳梨，為台灣主要特產之一。鳳梨原產於南美洲，17 世紀隨著西方殖民者傳入歐洲，後再傳到亞洲，由於多汁酸甜，有解暑之效，受到歡迎。鳳梨是熱帶水果，生長在炎熱多水的地區。台灣種植鳳梨主要在屏東、高雄、台南、嘉義等地，產量豐富，質地優良，成為台灣著名特產之一。由鳳梨做成的甜點台灣鳳梨酥亦享譽國際。此外，鳳梨亦有黃梨、菠蘿等稱呼。

台灣南部鳳梨田

1920 年，台灣南部鳳梨田，鳳梨為台灣主要特產之一。台灣種植鳳梨主要在屏東、高雄、台南、嘉義等地，產量豐富，質地優良。

台灣蓮霧

1920 年代，台灣蓮霧，為台灣特產水果之一。蓮霧生長於熱帶，果實長得像鈴鐺，有暗紅色、淡紅色、綠色、白色，顏色主要受陽光照射影響。台灣蓮霧以屏東為最大產區，蓮霧外觀依季節及品種不同而有所差異，冬天蓮霧色澤偏紅黑色，越黑越甜，夏季採收的蓮霧，因日照時間長，生長快，色澤偏淡紅色。蓮霧富含水分、清涼解渴，不但對皮膚很好，也有解熱、利尿之功效，是一種風味獨特、老少咸宜的水果。

木瓜樹

1920 年代，南台灣的木瓜樹。木瓜、鳳梨、龍眼、柑橘類等皆是台灣重要的農產品，其中又以高屏地區的產量與品質最為優秀。木瓜未成熟時果皮為綠色，成熟時果皮會由綠轉黃，橘色果肉飽滿，台灣人喜愛搭配牛奶榨成飲品，稱作「木瓜牛奶」，是很受歡迎的飲料。

椰子的果實

1920 年代，南台灣的椰子樹。椰子
的果實用途十分廣泛，成熟椰子的
內部富含乳白色果肉與清甜的椰子
汁，可以直接食用或做成加工食品。
椰子外殼堅硬，能夠加工製作成杯
碗、燈具、樂器等。

飽滿的香蕉

1920 年代，台灣香蕉樹，樹上有結
實飽滿的香蕉。香蕉是台灣的代表
水果之一，台灣因為大量出口香蕉
而有「香蕉王國」的稱呼。香蕉含
有大量維生素和礦物質，從中可以
攝取很多營養，並且因為攜帶方便，
剝皮即可食用，也是遠足外出時常
攜帶的水果。

台中州的香蕉園

1920 年代，台中州的香蕉園。香蕉是台灣的代表水果之
一，台灣因為大量出口香蕉而有「香蕉王國」的稱呼。當
時台中州的香蕉產量居冠，占全島百分之七十，產地集中
於大屯、員林、豐原、南投等地方，其次是高雄、台南等
地。因應香蕉產業發展，蕉農組成「青果同業組合」，與
官方的「台灣青果株式會社」及日本批發商的「荷受組合」
等組織，分別進行生產、檢查、打包、銷售等工作。